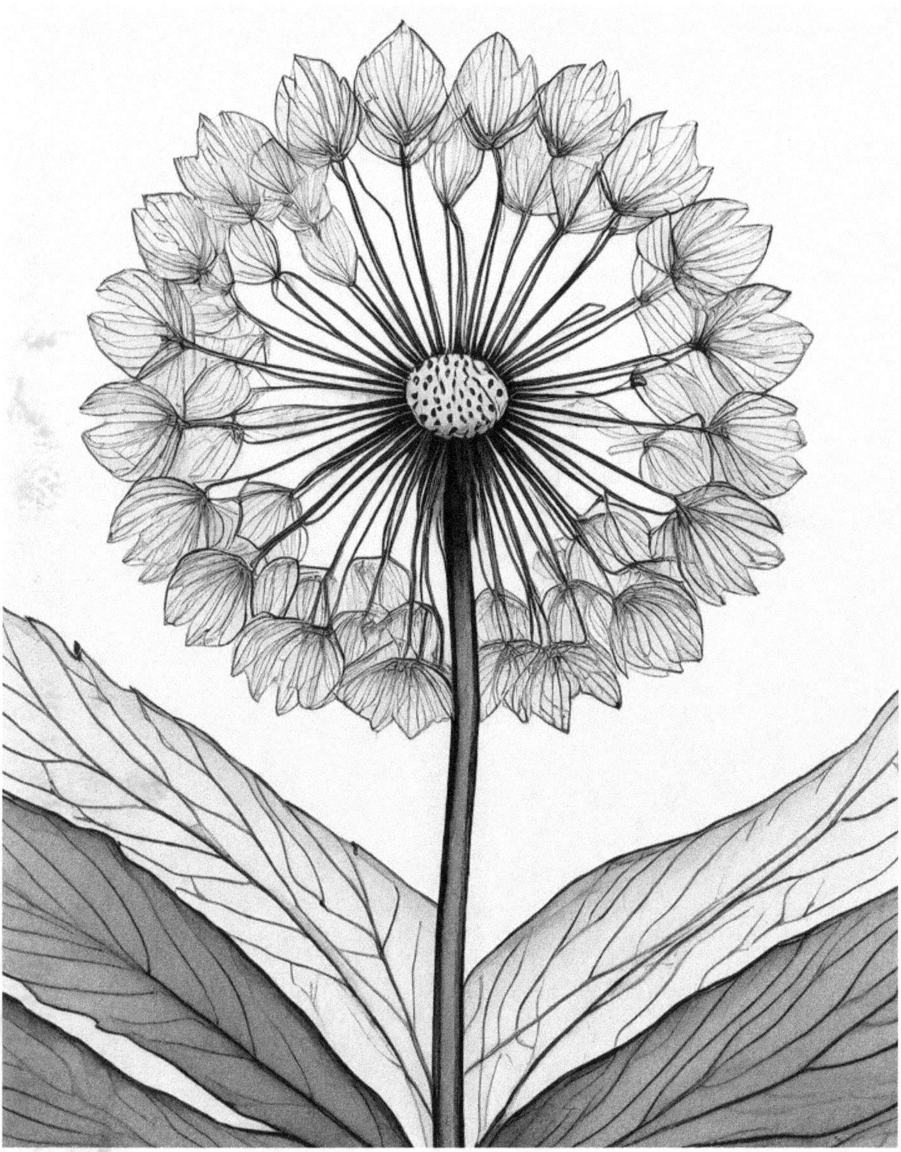

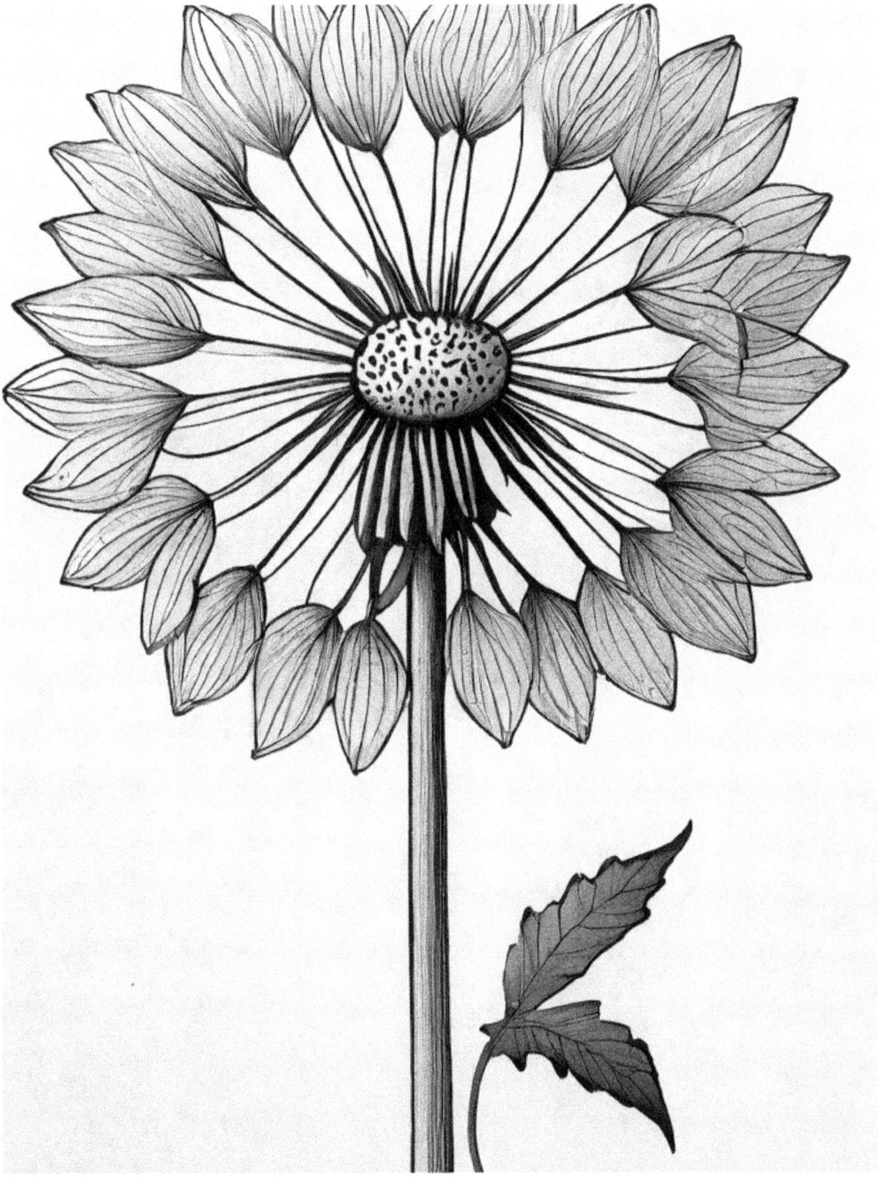

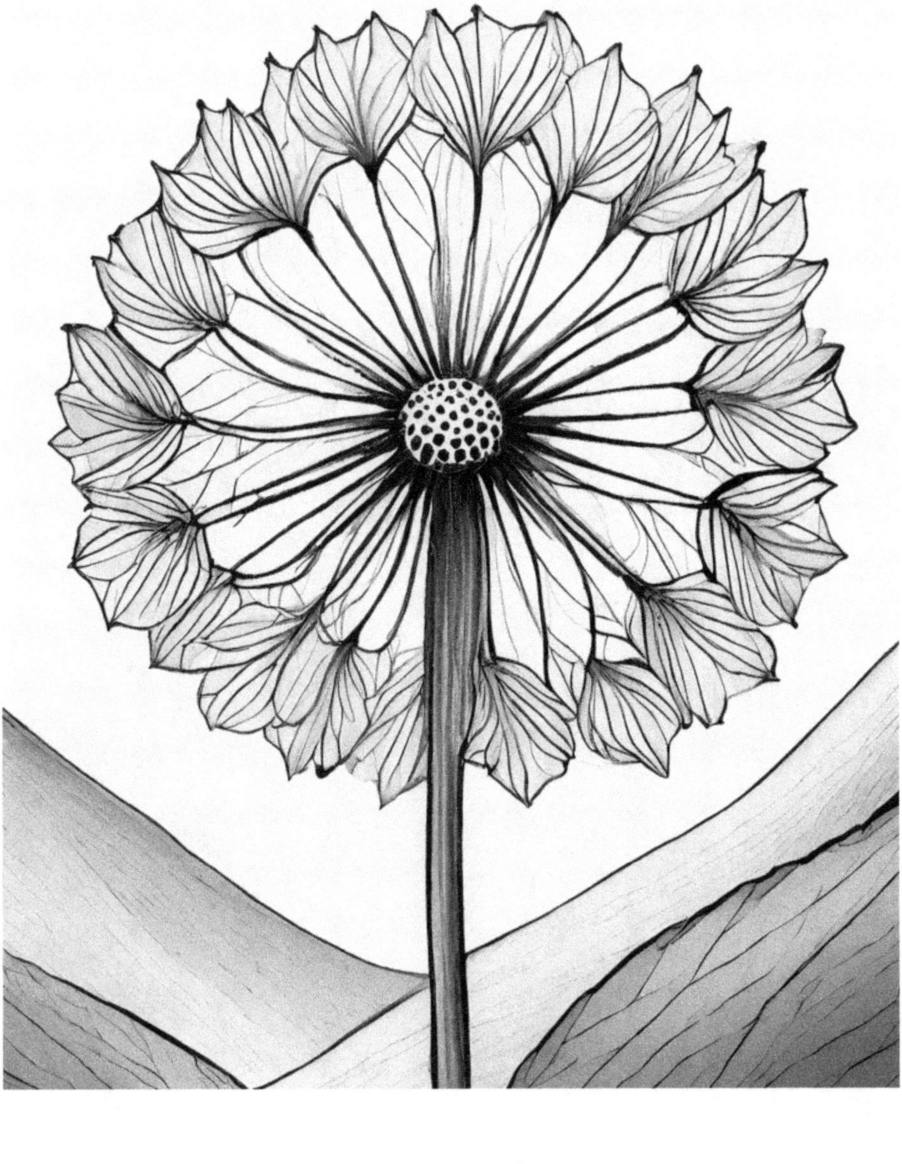

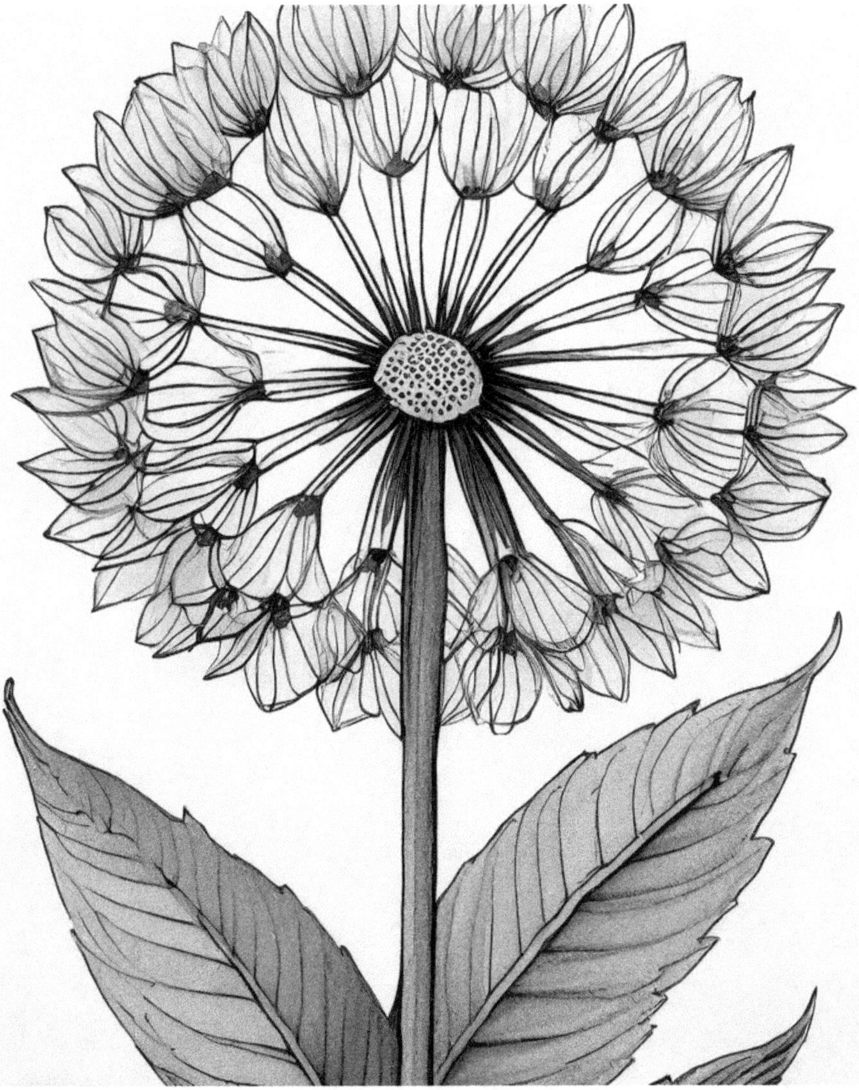

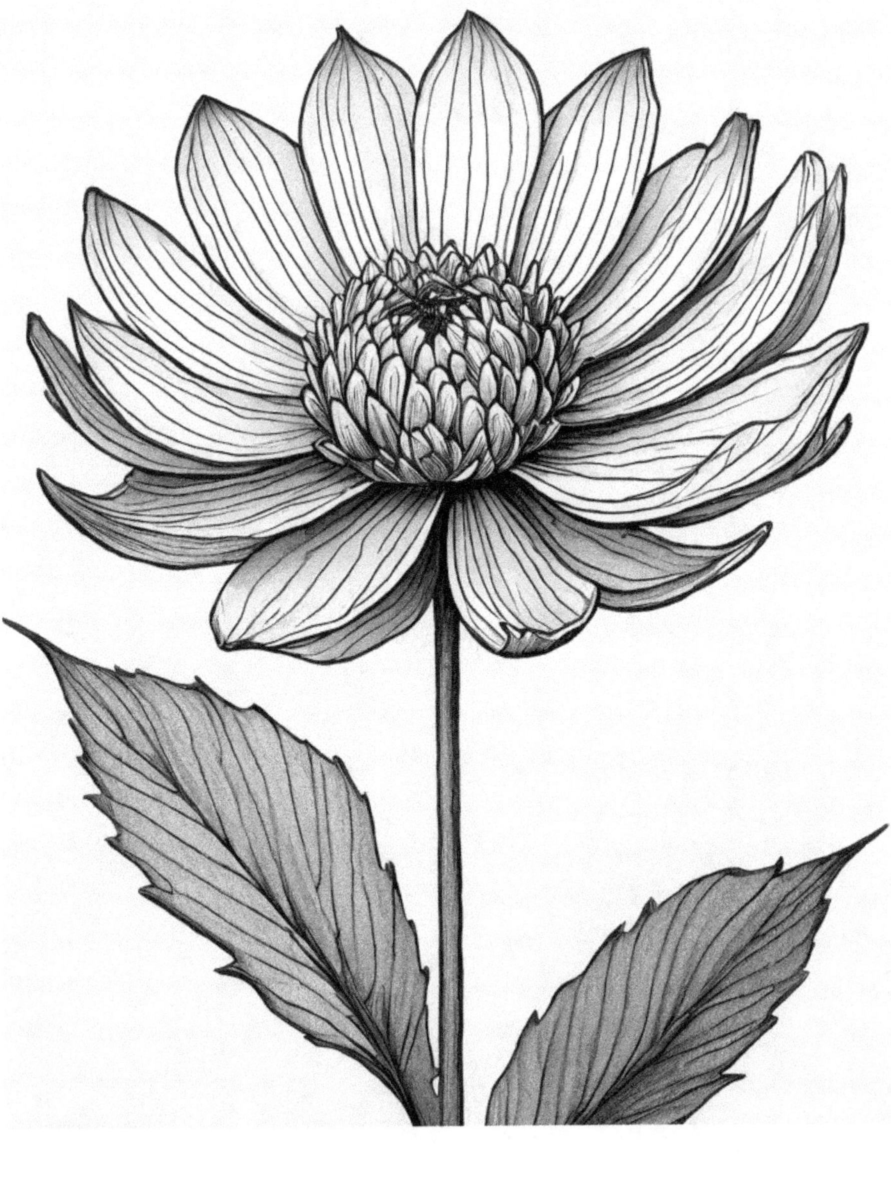

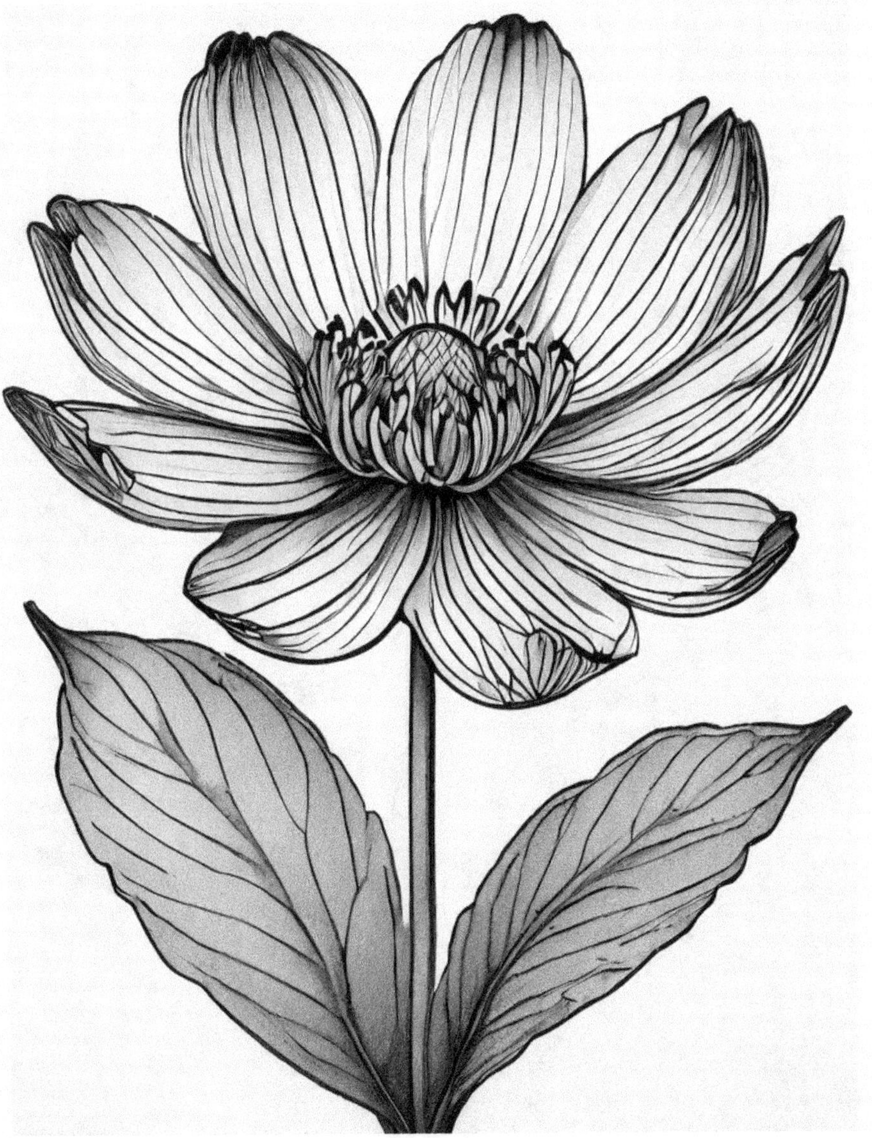

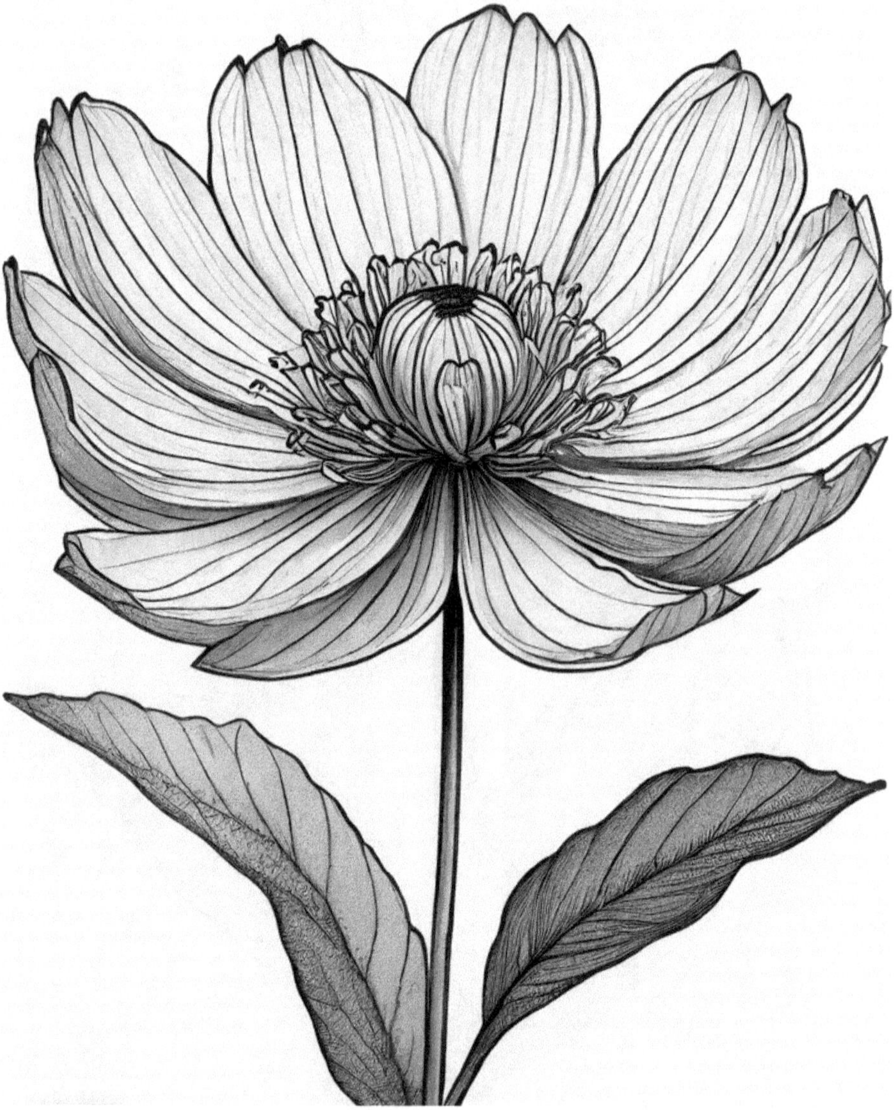

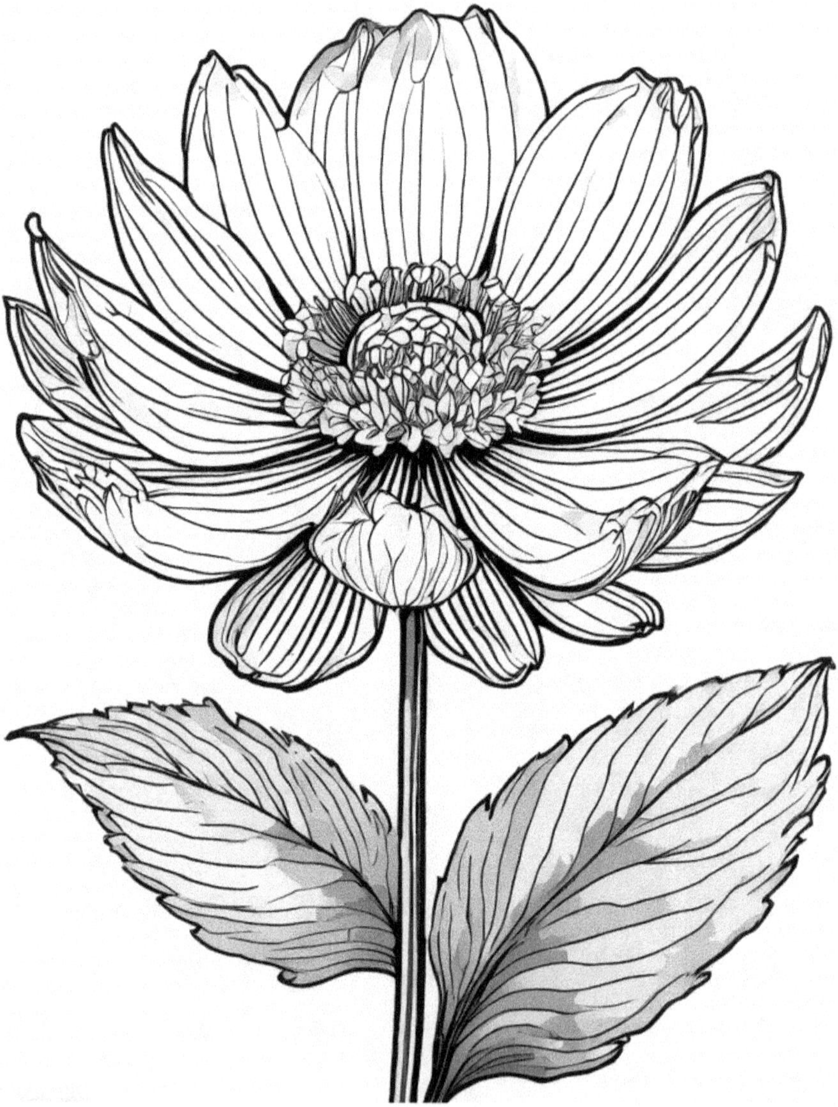

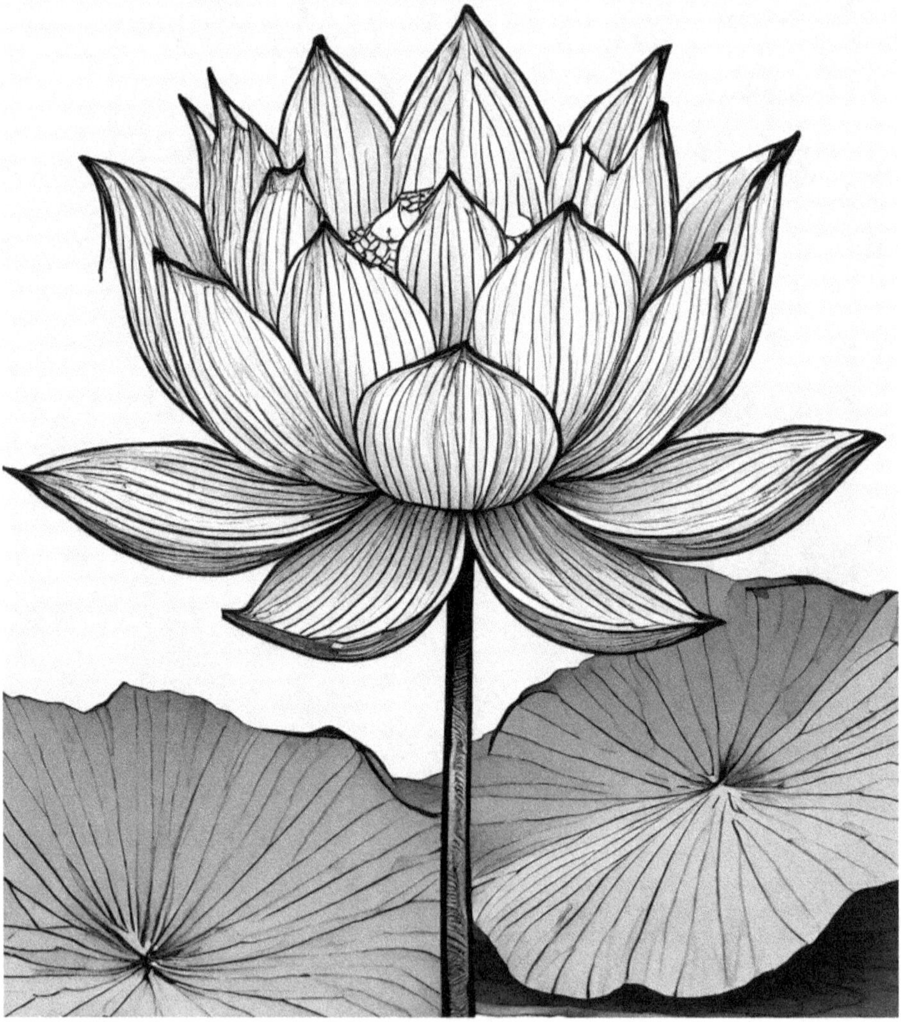

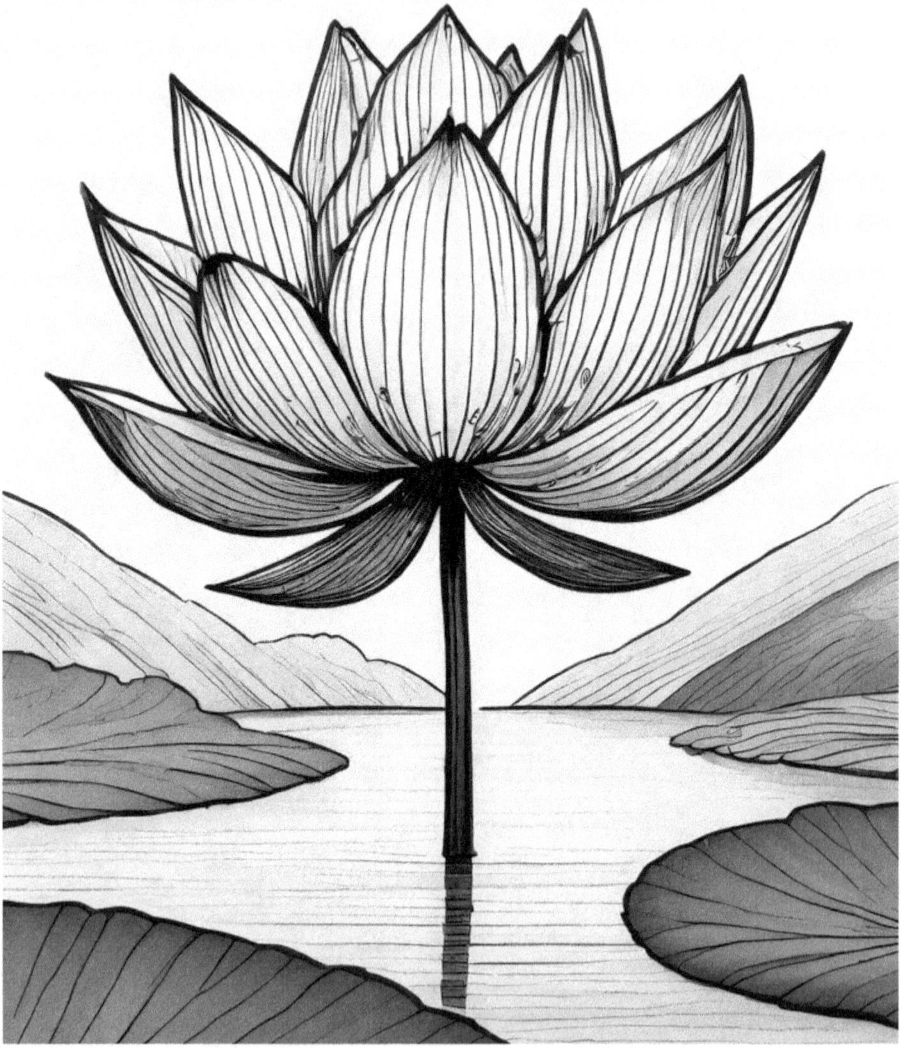

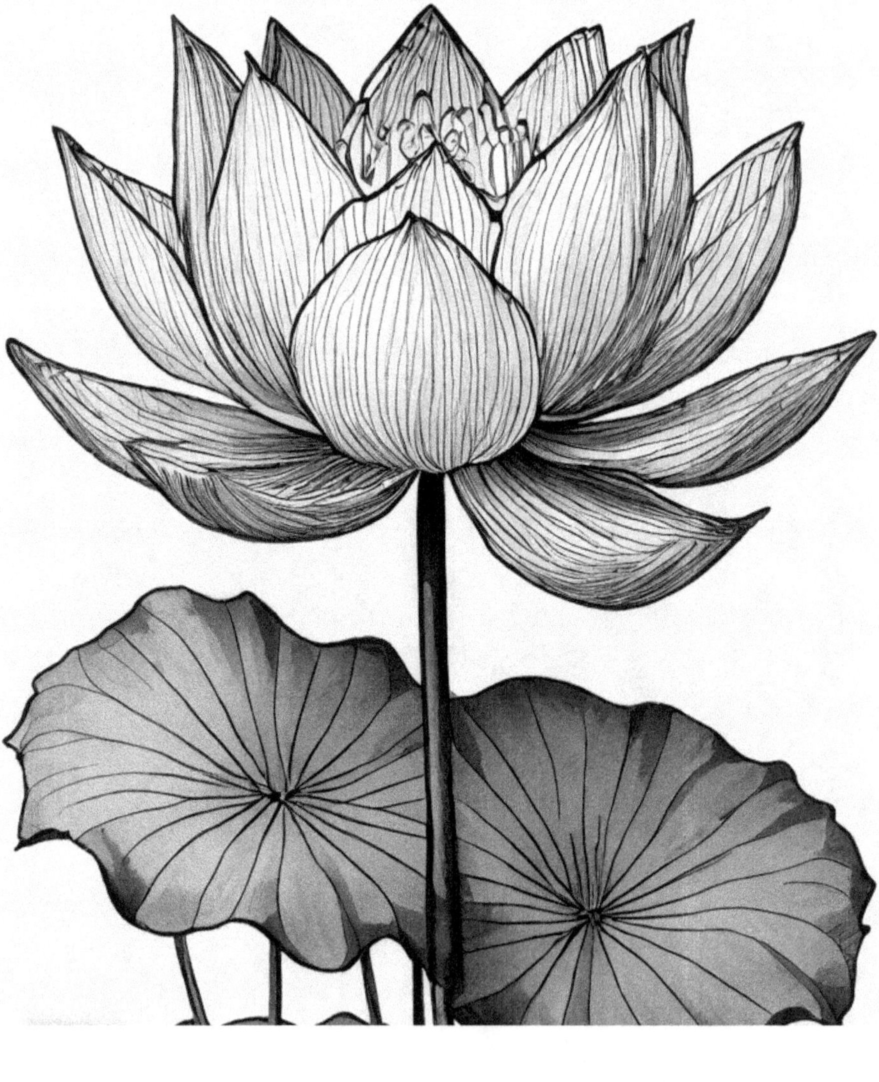

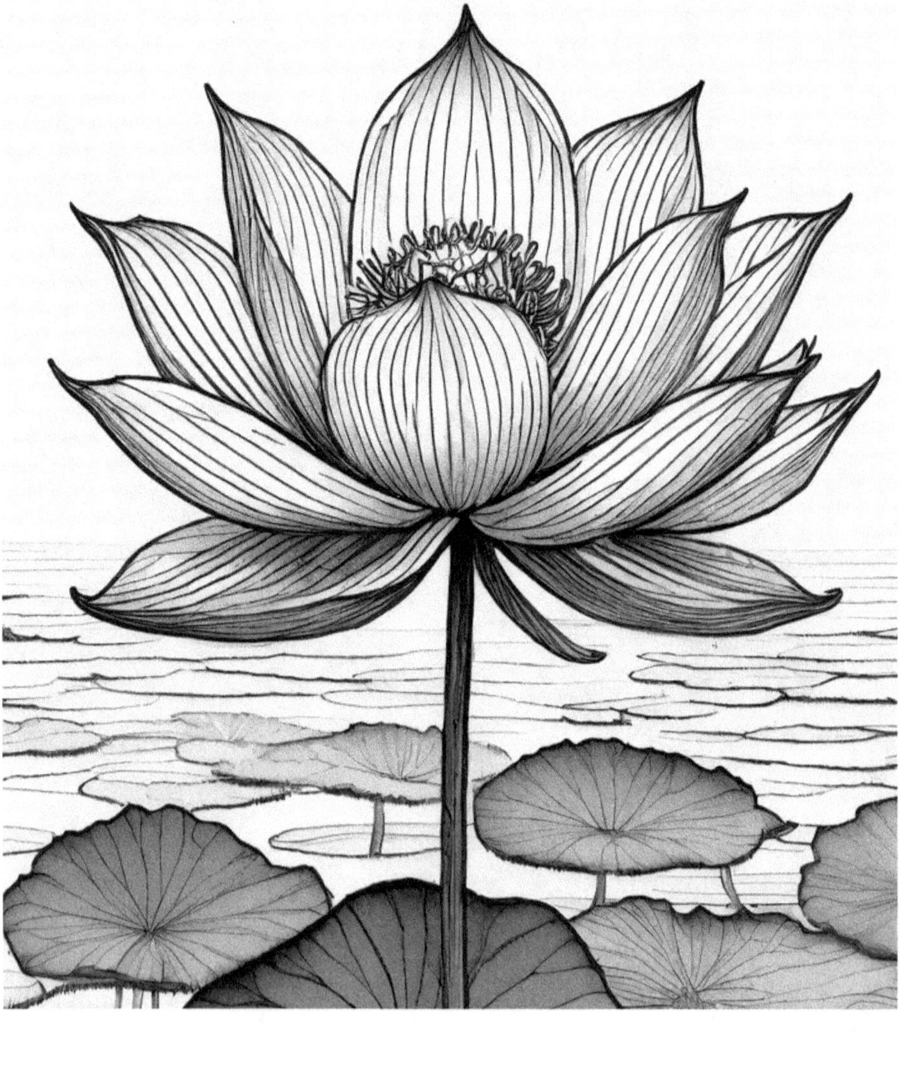

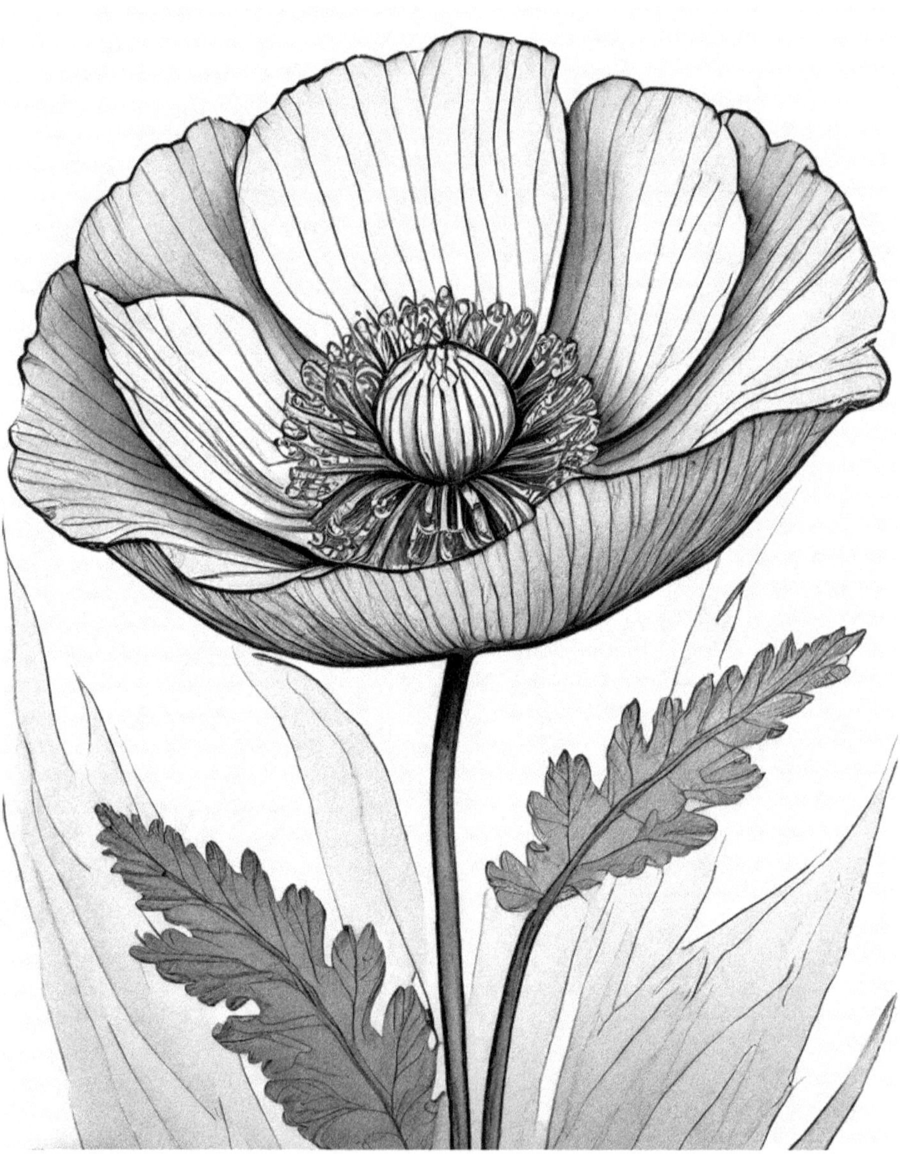

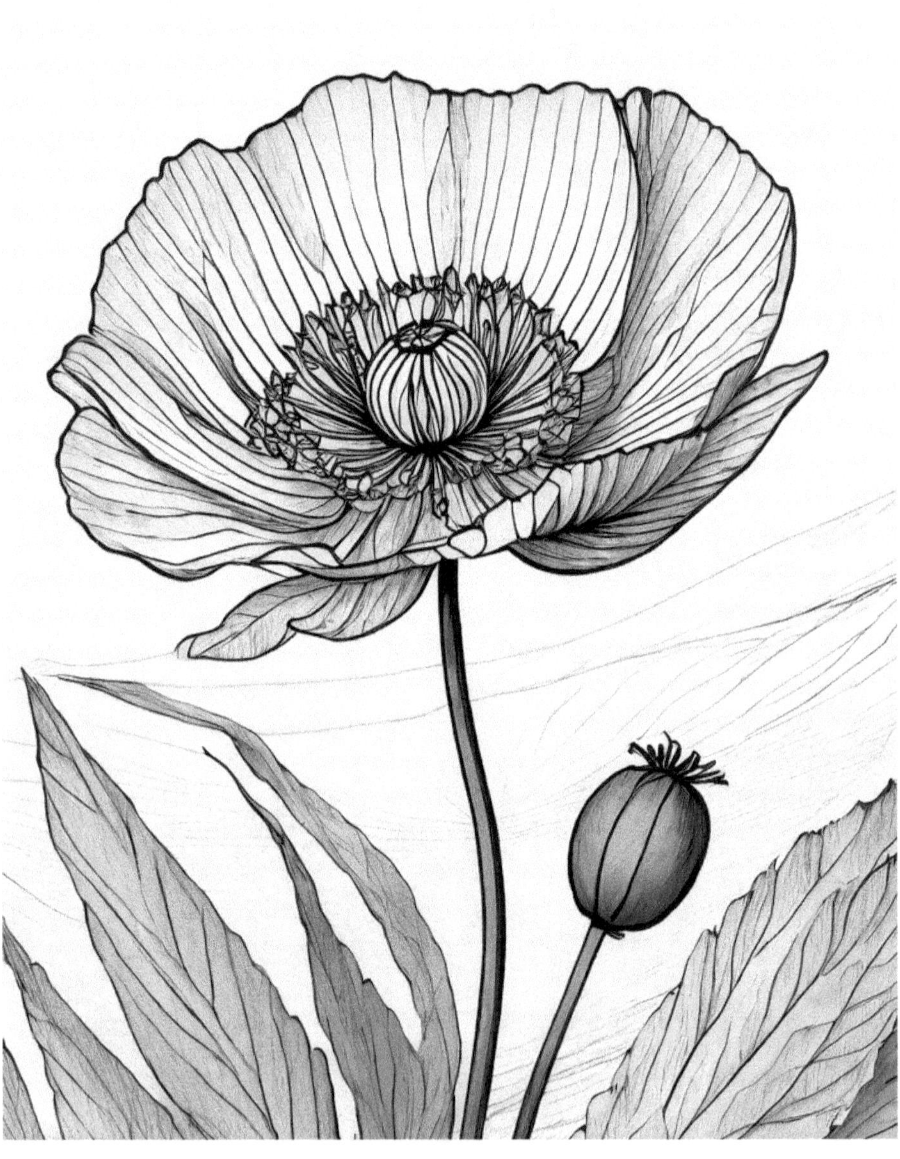

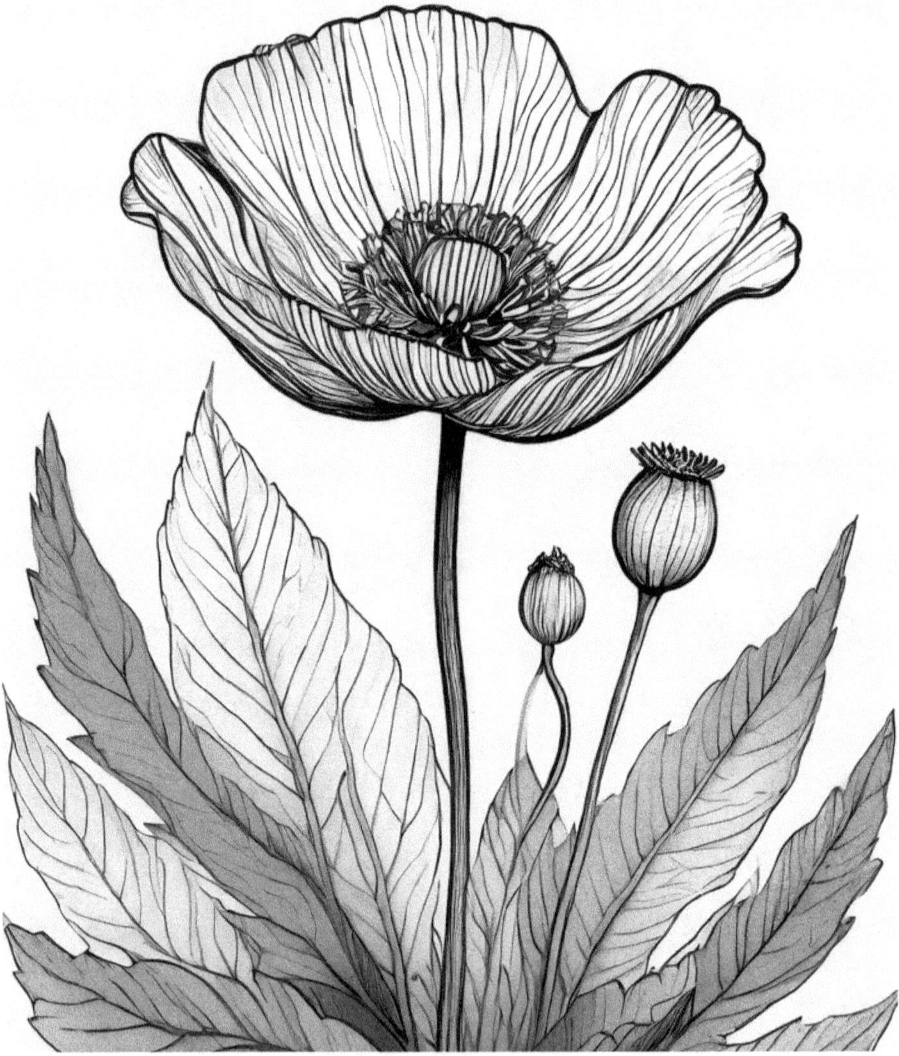

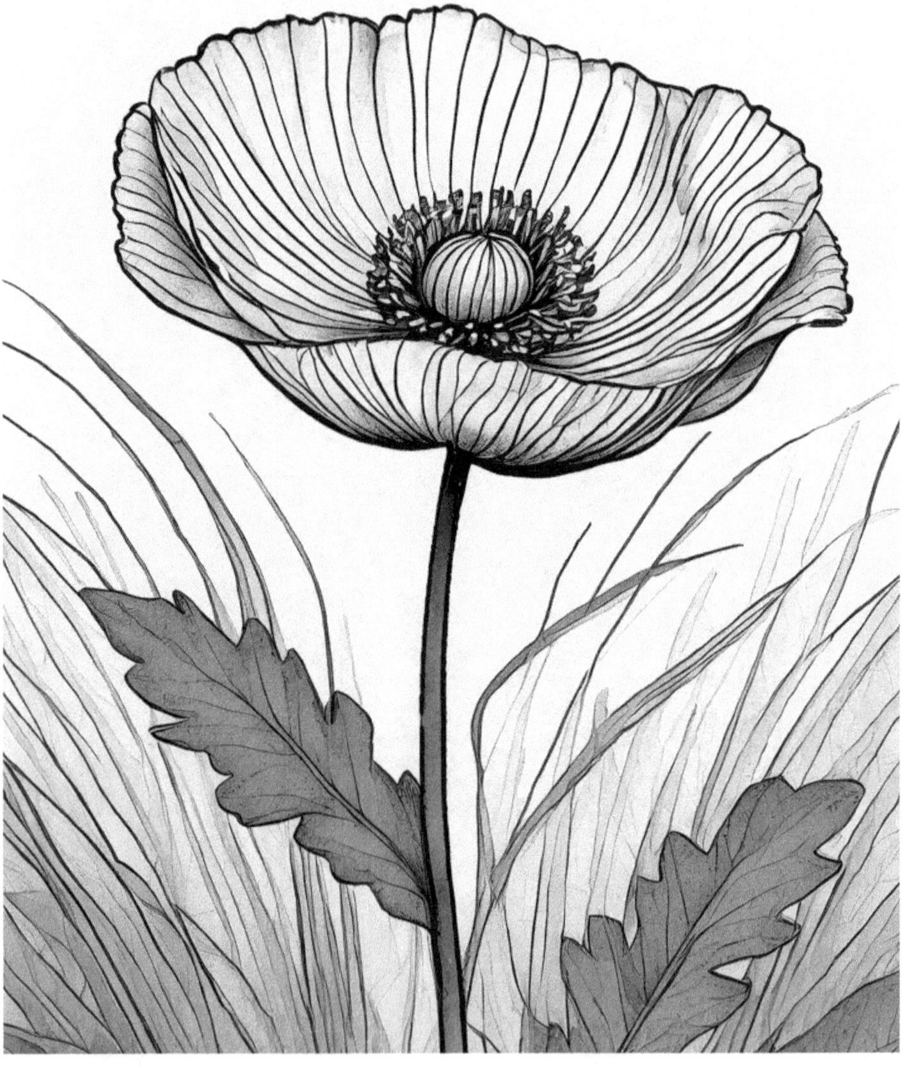

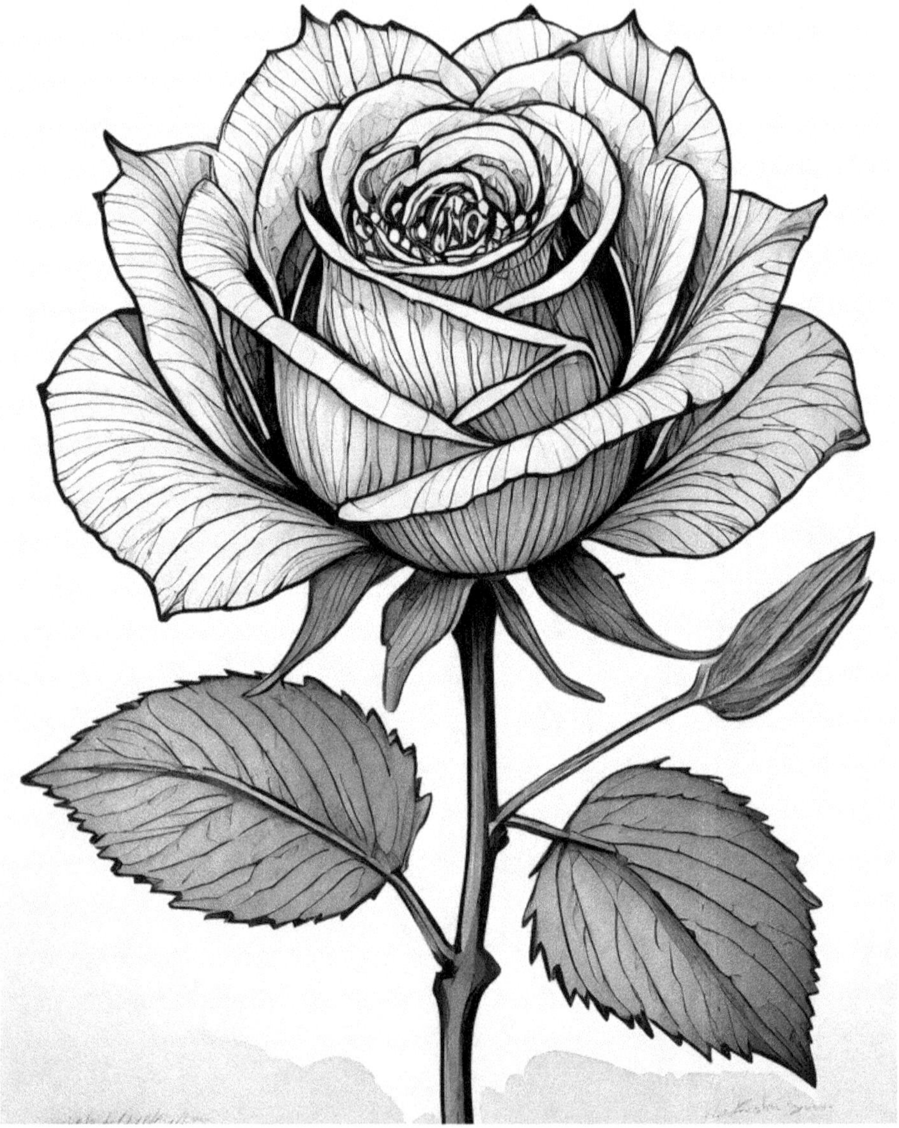

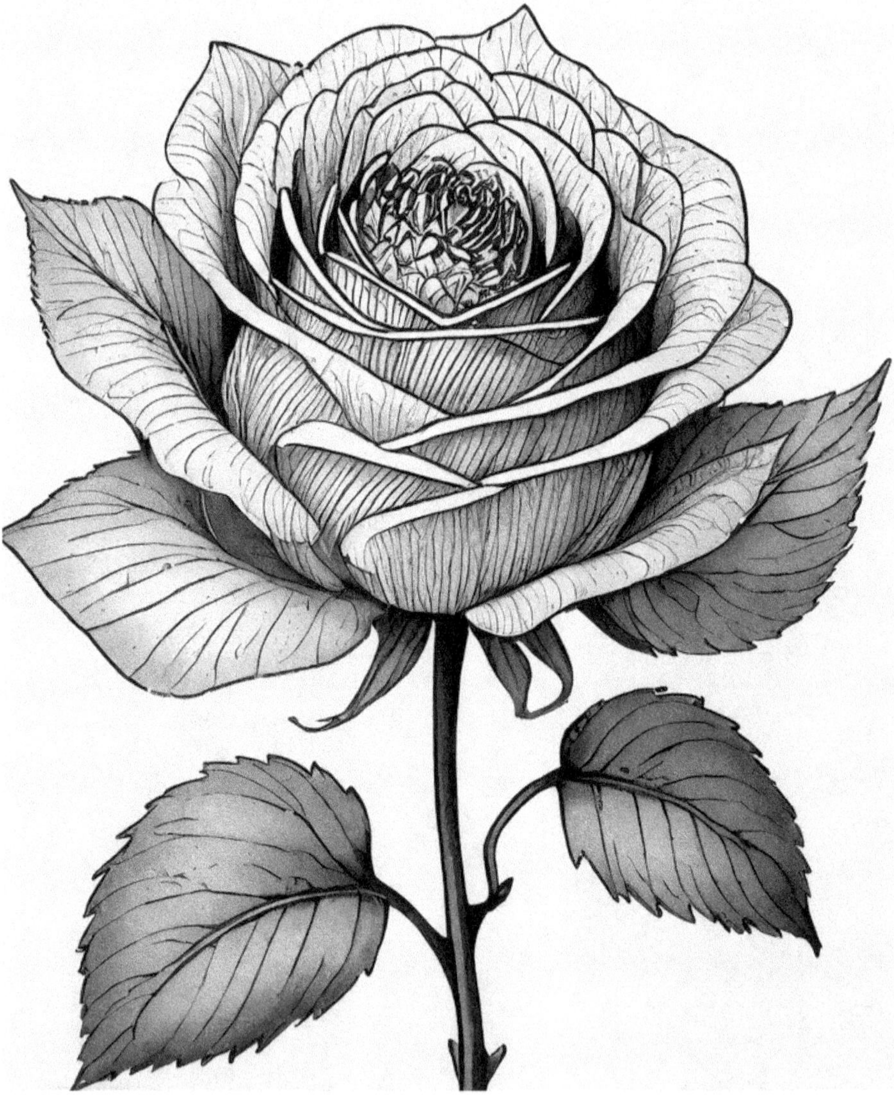

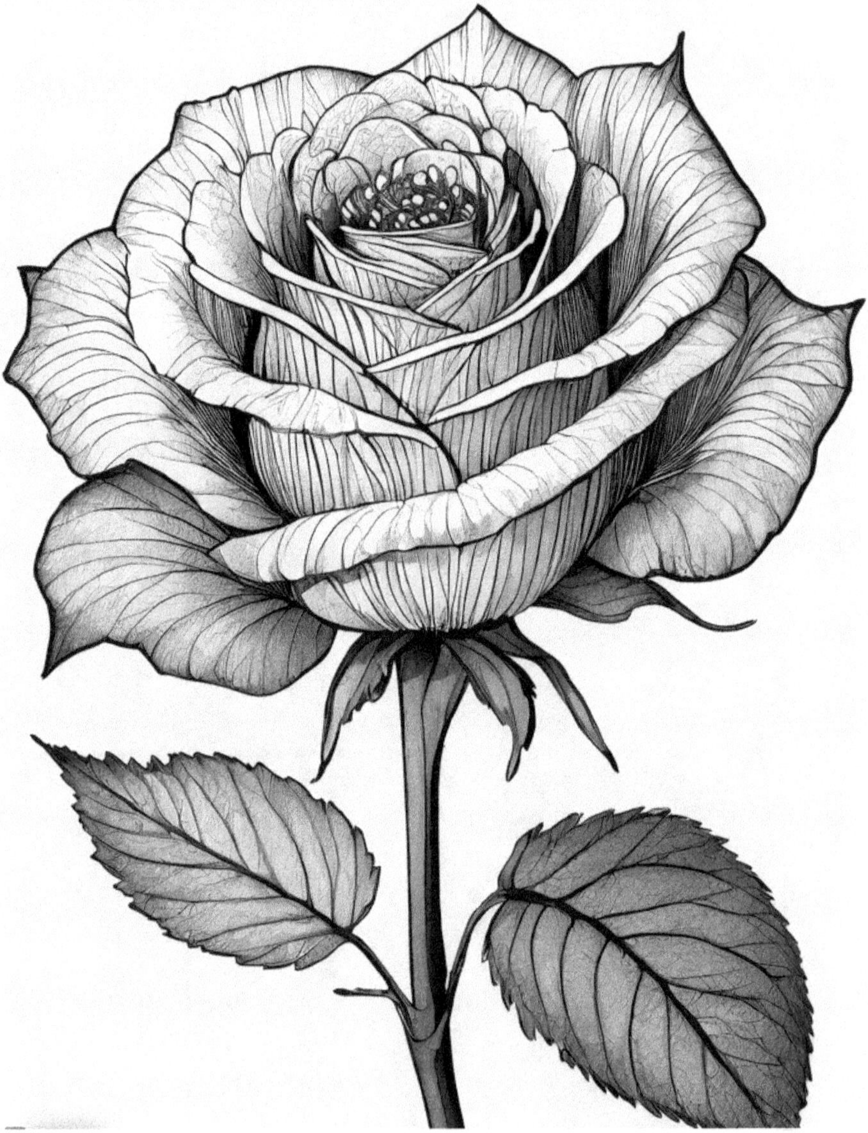

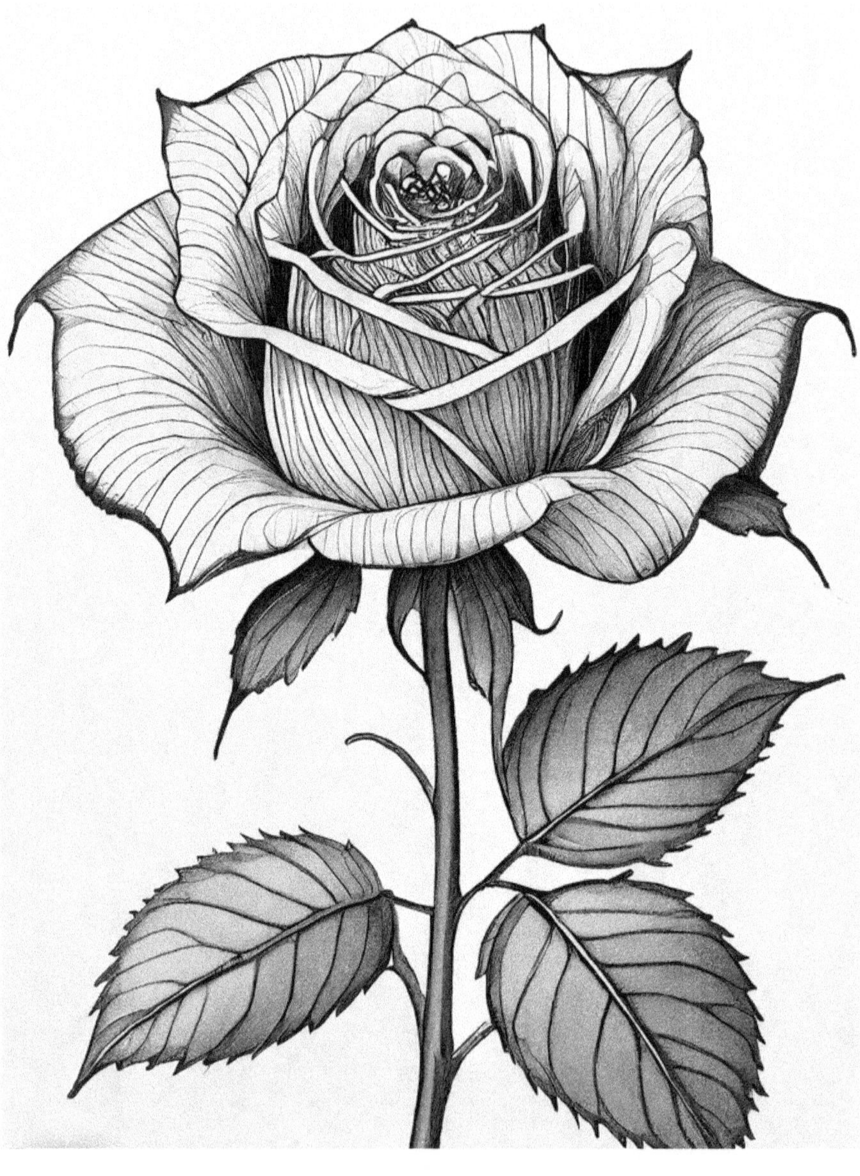

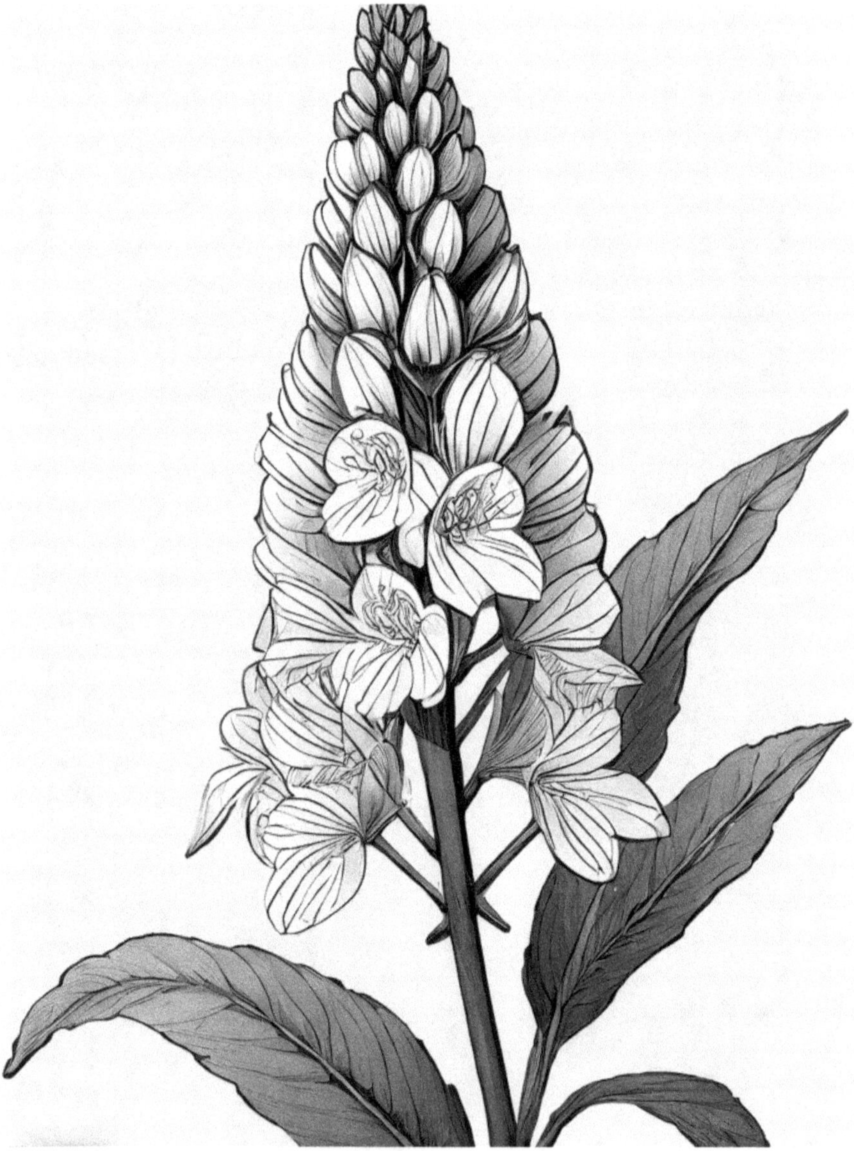

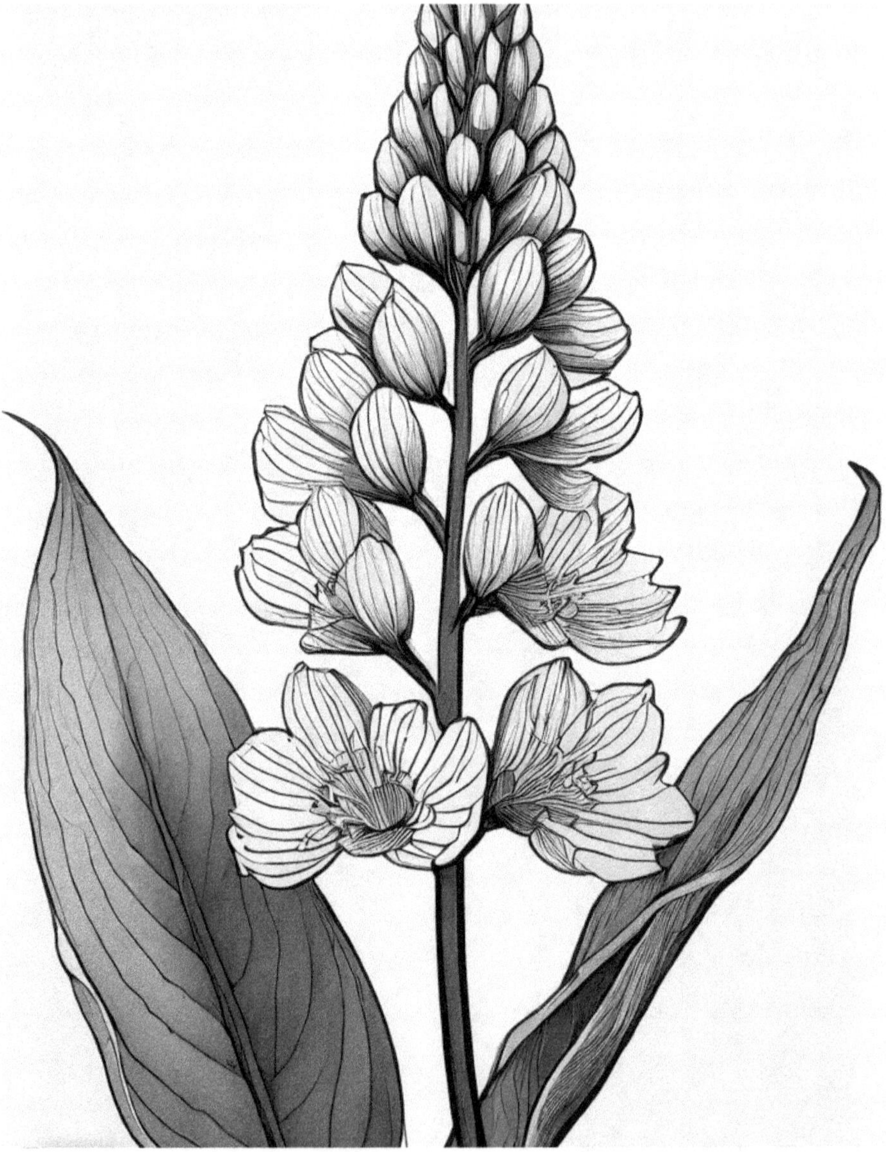

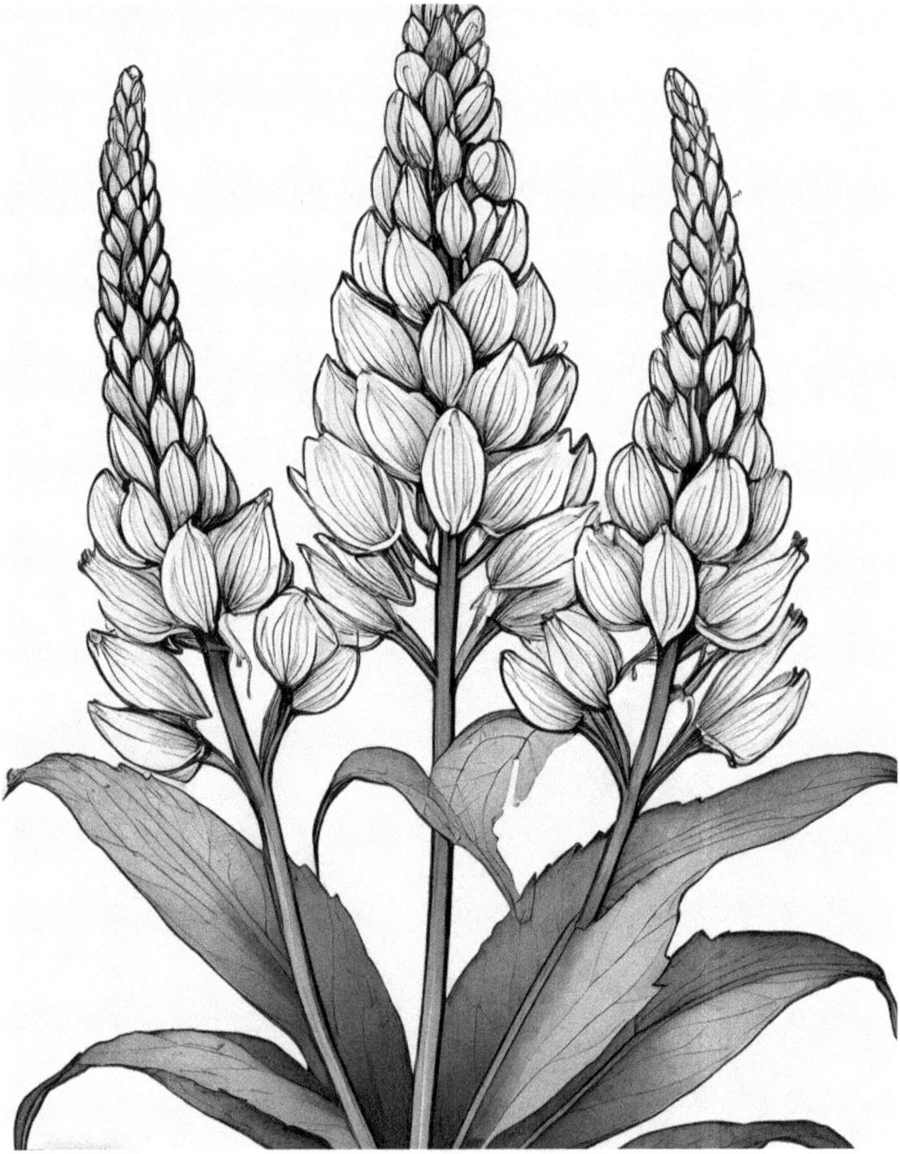

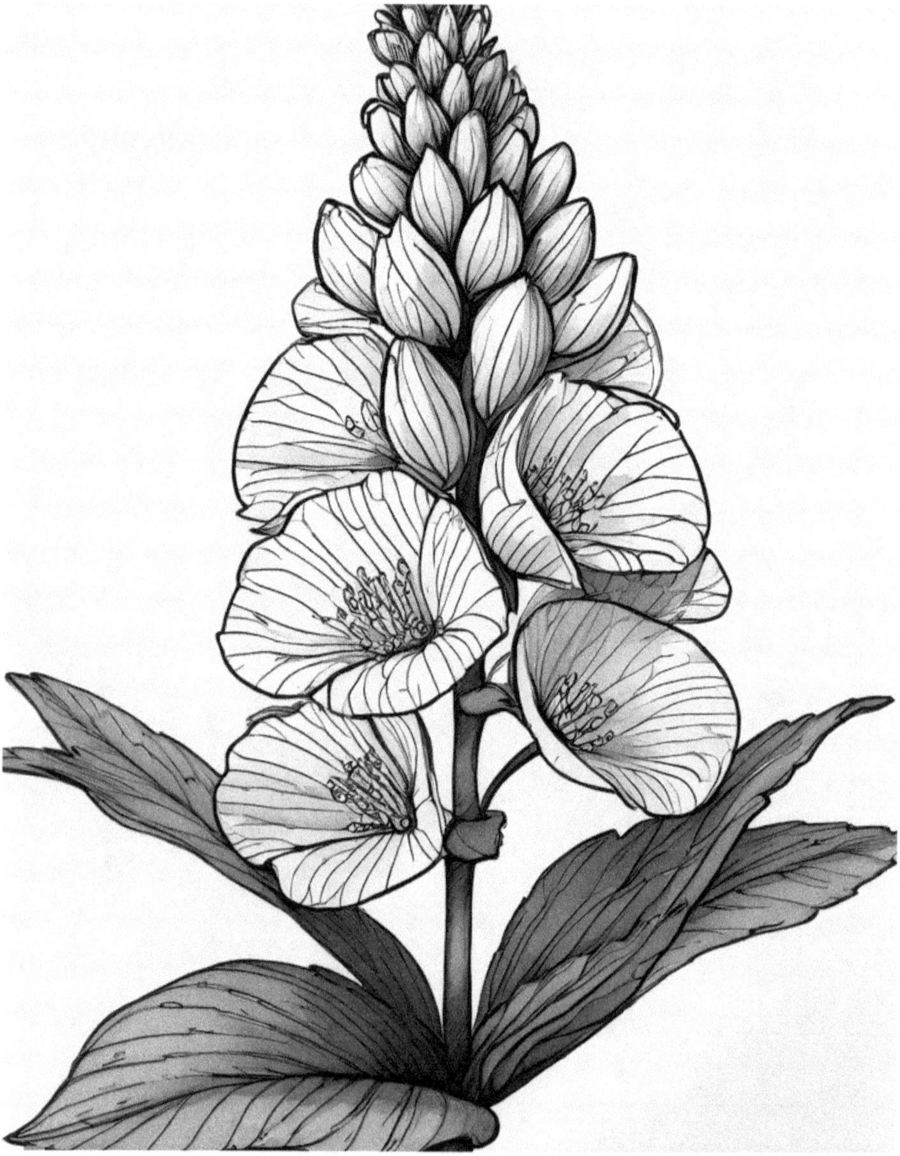

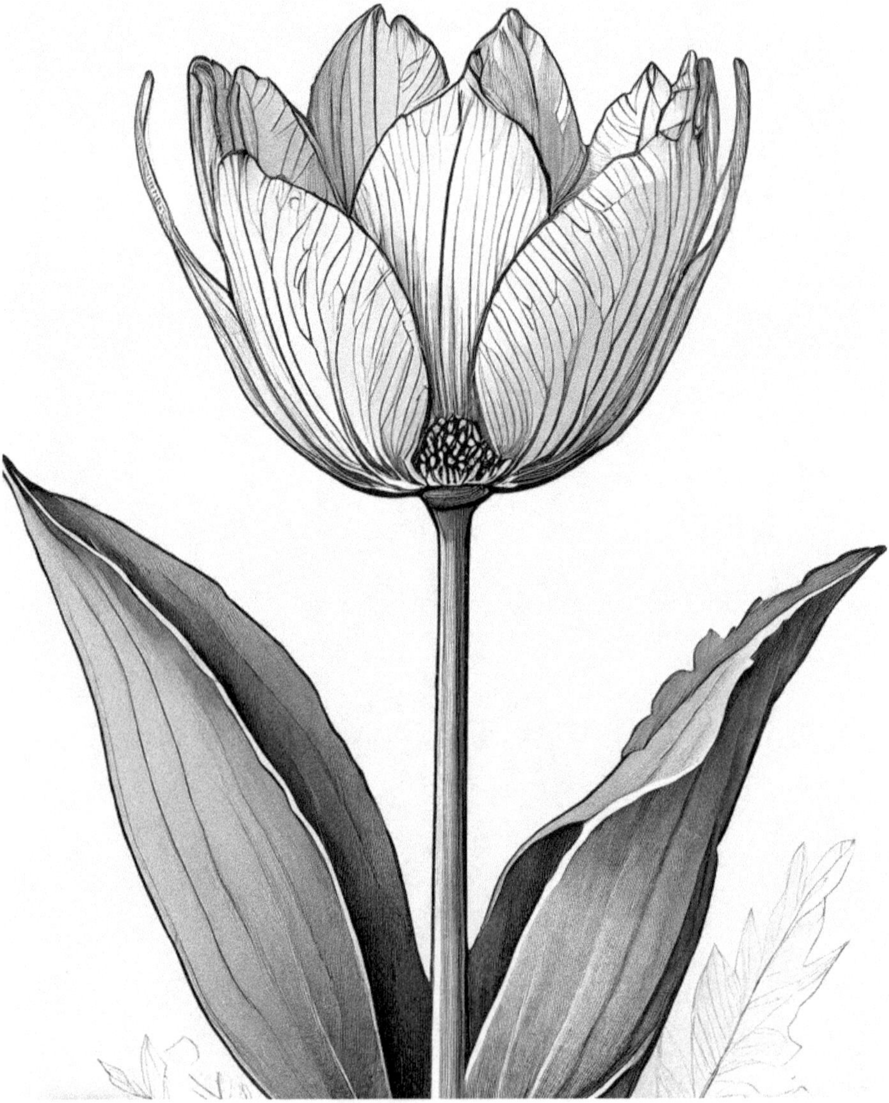

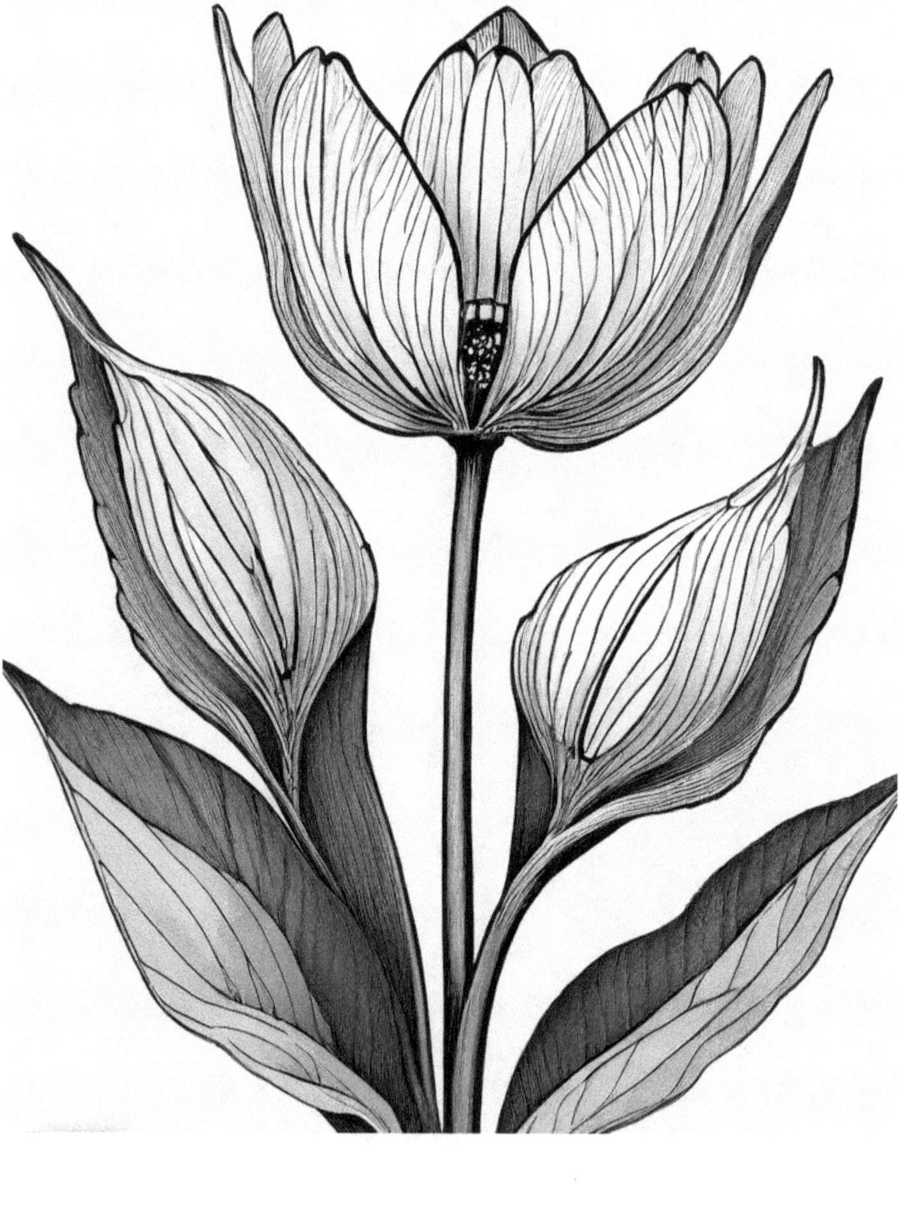

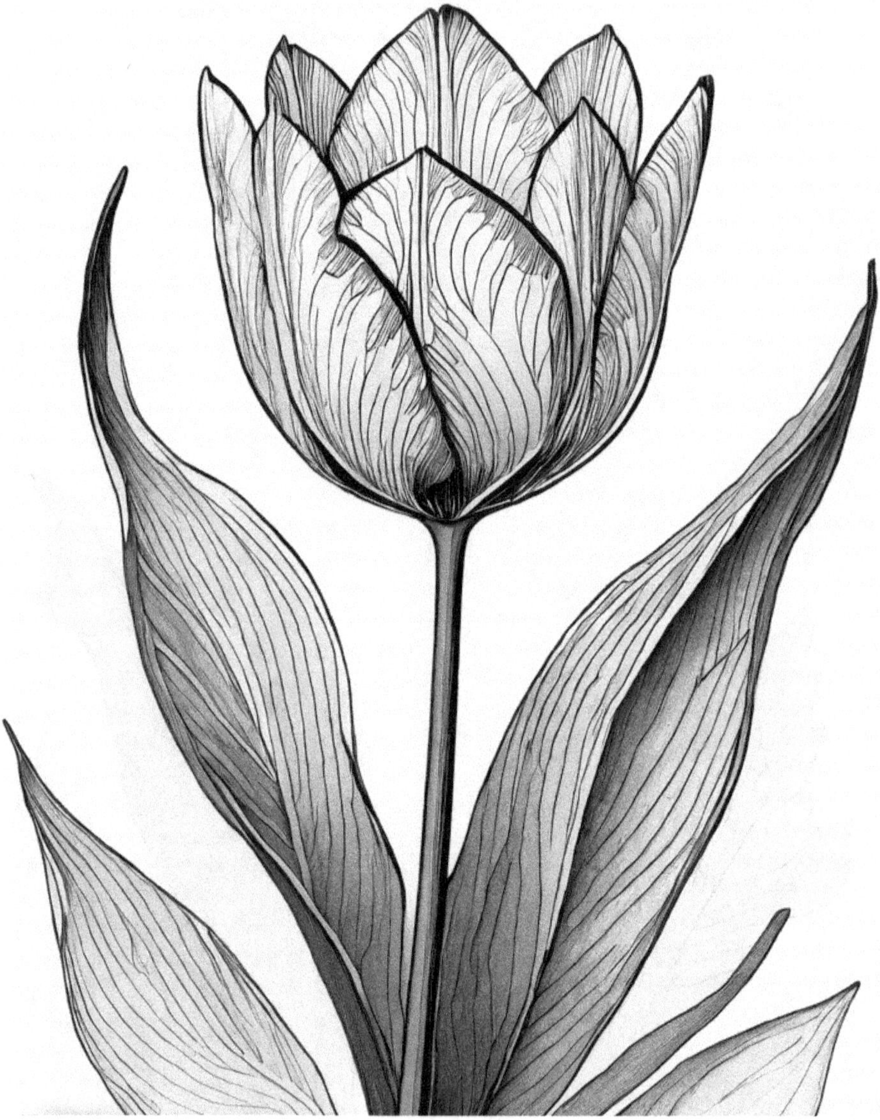

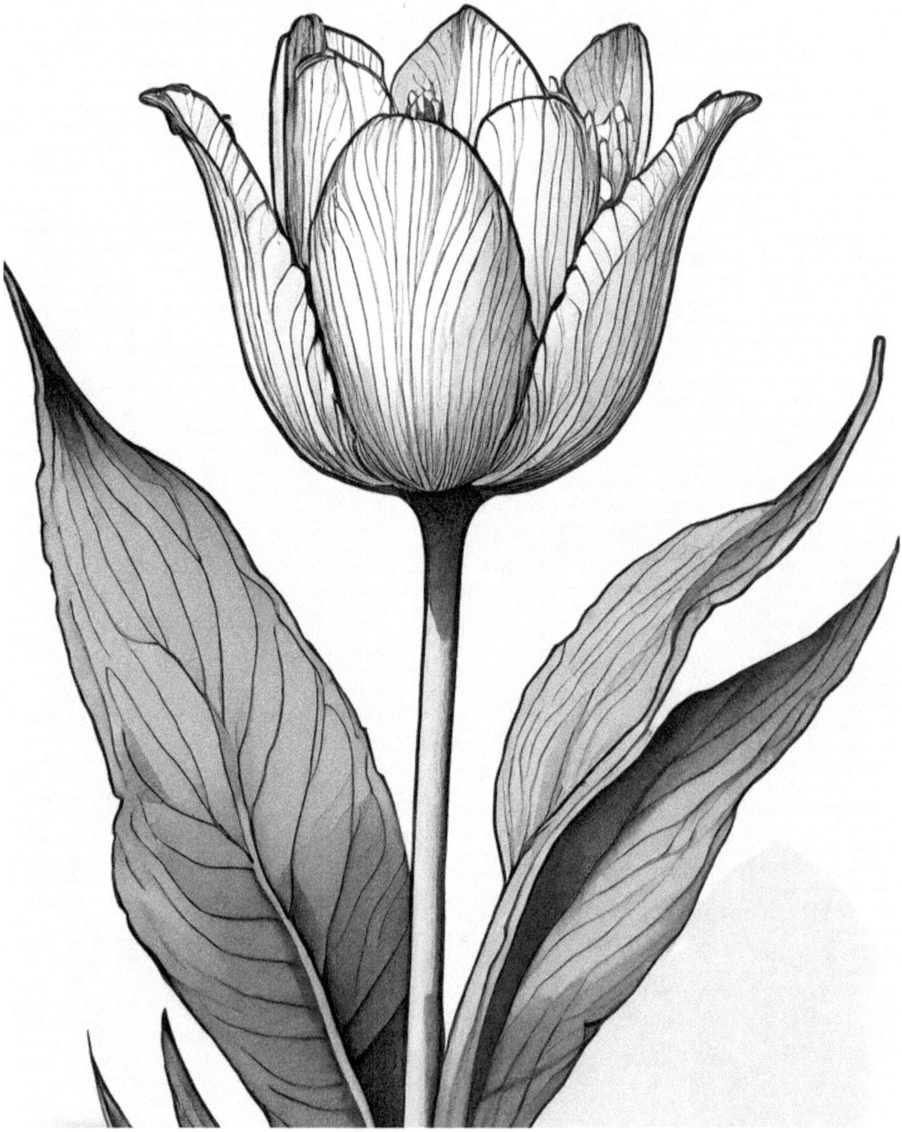

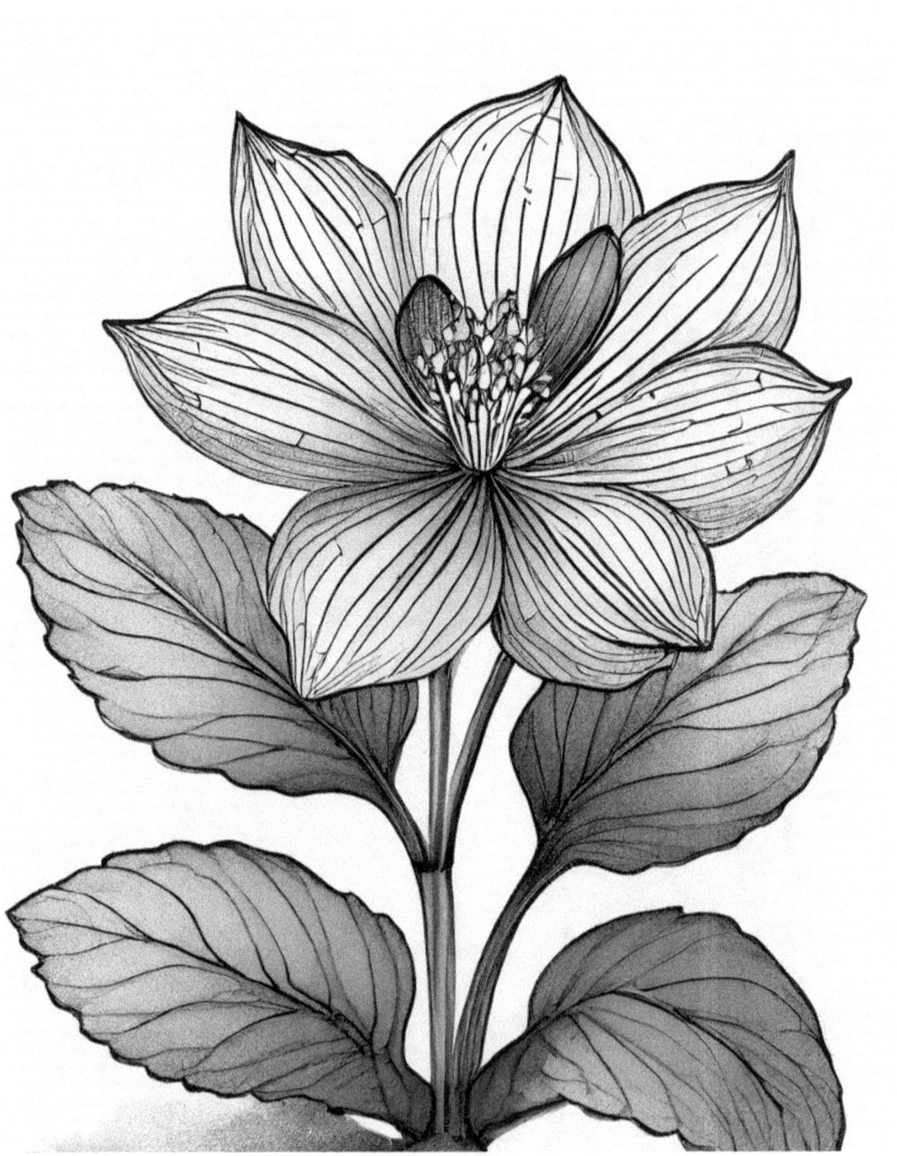

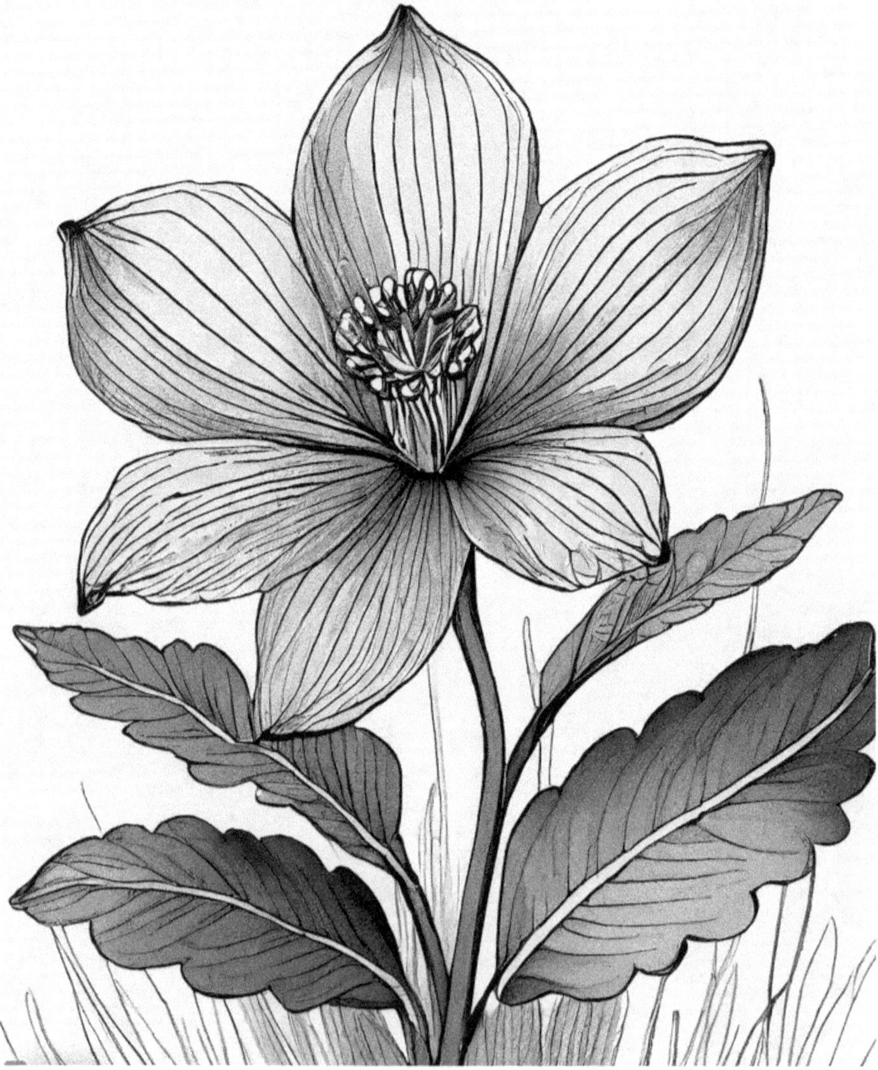

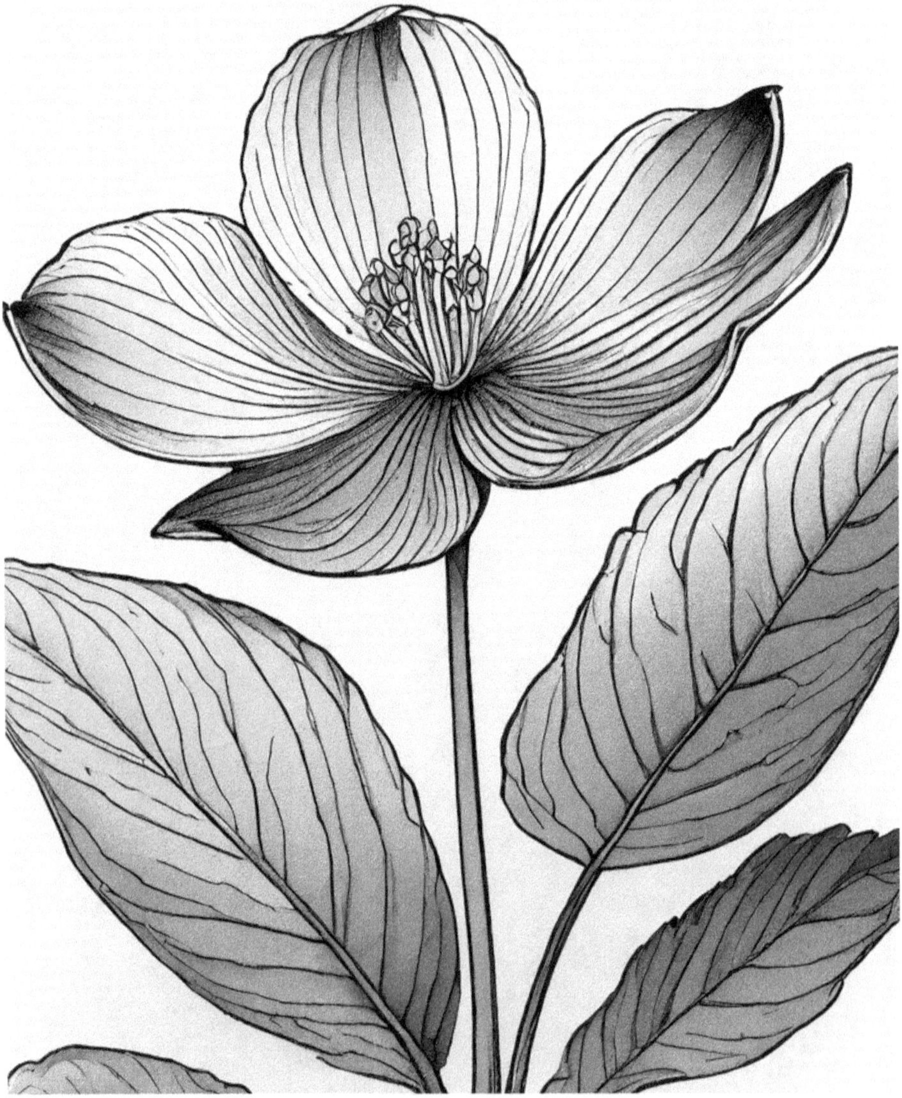

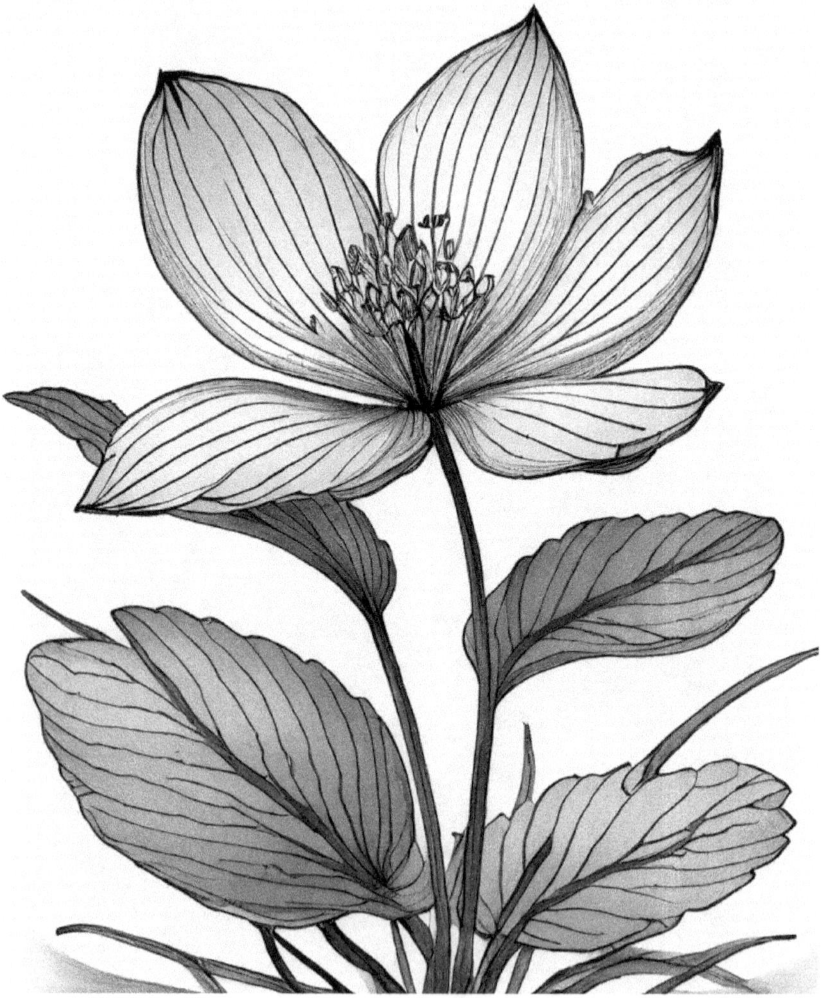

www.ingramcontent.com/pod-product-compliance
Lightning Source LLC
Chambersburg PA
CBHW070414230526
45471CB00006B/2806
* 9 7 9 8 3 2 1 0 1 4 1 9 6 *